정선현대시조
01

바다 인문학

윤금초 단형시조집

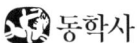 동학사

바다 인문학

지은이 | 윤금초
펴낸이 | 유재영 · 유정융
펴낸곳 | 주식회사 동학사

1판 1쇄 · 2024년 6월 10일
출판등록 · 1987년 11월 27일 제10-149

주소 · 04083 서울 마포구 토정로 53 (합정동)
전화 · 324-6130, 324-6131 | 팩스 · 324-6135
E-메일 | dhsbook@hanmail.net
홈페이지 | www.donghaksa.co.kr
　　　　　www.green-home.co.kr

ⓒ 윤금초, 2024

ISBN 978-89-7190-884-6 03810

※ 저자와의 협의에 의해 인지를 생략합니다.
※ 잘못된 책은 바꾸어 드립니다.

시인의 말

　둘러봐도, 둘러봐도 천둥지기 민낯이다. 지나새나 소태 씹는, 성에 안 찬 이 하루

　허우적 시詩가 구쁜 날, 잇몸 개방 허기 달랠까?

2024년 6월 10일
금초시마재에서 윤 금 초

| 차례 | ■ 시인의 말 · 3

1

냉이꽃 신명 · 11
쫄깃한 발라드 · 12
어떤 엑소시스트 · 13
역발상 포인세티아 · 14
할[喝] · 15
바다 인문학人文學 · 16
산너울, 강너울 · 17
도채비 · 18
해넘이 모래톱 · 19
쓸모의 쓸모 · 20
세상에나, · 21
콤포지션 3 · 22
콤포지션 4 · 23
콤포지션 5 · 24
콤포지션 6 · 25
콤포지션 7 · 26
콤포지션 9 · 27
콤포지션 10 · 28
구멍 숭숭 울 엄니 · 29
더부살이 조개 · 30

2

해거름 점묘법點描法 • 33

멜 들업서, 하영 들업서 • 34

망나니 사촌? • 35

어처구니없는 날의 삽화 • 36

달빛 탄주 1 • 37

디오게네스 & 소라게 • 38

대흥사 나들목 • 39

숲길, 가을비 • 40

오래된 시편 • 41

눈썹달 환유換喩 • 42

파계사 는개 • 43

나리, 나리, 낄끼빠빠 • 44

아를의 밤 • 46

거먕빛 입술 • 47

도봉산 산지기 • 48

허천뱅이 봄 • 49

어떤 소동 • 50

유혹 • 52

오뉴월 드팀전 • 53

무당거미 춤사위 • 54

3

암전暗轉 • 57

신운神韻? • 58

경회루 한낮 • 59

객쩍은 소리 • 60

툰드라 코끼리 • 61

풀밭 속의 체위 • 62

잿빛 음산한, • 63

병丙의 놉 • 64

오싹 • 65

기생초 데생 • 66

갯고랑 물길 • 67

물떼새 노을 바다 • 68

가로왈 세로왈 • 69

어떤 환幻 • 70

아다다, 아다다 • 71

쌍봉사 철감선사탑 • 72

자작나무숲 데칼코마니 • 73

이무럽다 • 74

봄볕 갸울다 • 75

무적霧滴 • 76

4

융프라우 만년설 1 • 81

쉴트호른 회전식당 • 82

쉴트호른 에델바이스 • 83

더디 오시는 가을 • 84

매직 마커 1 • 85

매직 마커 2 • 86

매직 마커 3 • 87

매직 마커 4 • 88

매직 마커 5 • 89

두 자루 장검長劍 • 90

서울의 봄 • 91

미선나무 활유법活喩法 • 92

푸른 분장사扮裝師 • 93

마른 수수깡 • 94

그날의 추상 • 95

쥐며느리 걸음나비 • 96

시룻번 긁는 소리 • 97

해거름 콧바람 • 98

천둥산 목불암 • 99

노랑머리 석가 • 100

5

홑것 · 103

오동꽃, 문득 번다 · 104

계륵鷄肋 1 · 106

계륵鷄肋 2 · 107

볕뉘 몽리면적 · 108

쏴… · 109

쨍그랑 꽃잠 깨는 · 110

밀밭 냄새 · 111

갈잎 떨기 · 112

겨울 게릴라 · 113

논다니 되는규 · 114

흑싸리 껍데기 · 115

울라문 한이 있간디 · 116

넌더리 퀴퀴한… · 117

3월 혁명 · 118

비폭력 테러 · 119

북악산 먼발치 · 120

철렁! · 121

물때 · 122

엄살 · 123

■ 작품 해설/통변(通變)의 시학과 풍골(風骨)의 미학_ 임채성(시인) · 127

정선 현대시조 **01**
바다 인문학
윤금초 단형시조집

1

냉이꽃 신명

냉이꽃 하얀 봄이 옥상 터앝 퍼질러 앉아

토란잎 부추 따위 신생^{新生}의 아침을 밀고, 해 설핏 소꿉놀이 신명도 겨운 짬에

까르륵 꽃 봉인^{封印} 뜯네.

소름 돋는 이 전율!

쫄깃한 발라드

 어둠 그 한 입자^{粒子}로 퍼덕이는 작은 새야, 바람에 출렁거리는 뻘기한테 뺨 맞고도 골짝 숲 흔들어 깨운 쫄깃, 쫄깃 발라드야.

어떤 엑소시스트*

잘 바랜 명주 목도리의 한 장 구름 바장인다.
베레모 비뚜름 쓰고 타박타박 걷는 길섶,
'재의 날'** 연꽃잎 섬이 출애굽기 풀어낸다.

---

* 악마를 쫓는 기도사(exorcist).
** '재의 수요일'이라고도 한다. 가톨릭의 중요한 기념일 중 하나로, 예수 그리스도가 부활하기 전의 40일째 수요일을 가리킨다.

역발상 포인세티아

변검술사 뺨치겠다

붉디붉은 몸맨두리

폭발하듯 뜨건 숨결

말문 터진 앙가슴을.

들끓는

분화구인가,

느자구없는* 저 잉걸불.

---

* '싹수없다'의 전라도 방언.

할[喝]

죽음 앞둔 숨탄것들 미친 듯 정사를 한다.

치명의 상처 위로 침을 가끔 발라가며

죽살이 파정의 절정

할! 소리도 사치인가?

바다 인문학 人文學

　모래톱 베고 재주넘는 파도의 하얀 포말. '엎치락'하면 잇따라 '뒤치락' 몸을 틀고, 때때로 수미상관首尾相關의 손바닥소설 쓰고 있나?

산너울, 강너울

초등학교 1학년 같은 어리보기 매실·목련…

노란 손수건 가슴에 단 어린 묘목 느런히 서고

그 옛날 문인화사文人畵士들 여기 앉아 붓끝 꽂다.

도채비

거뭇한 산 숲에 들면 산도채비 그리 되고

바닷물에 발 담그면 바다 도채비 닮아간다.

두 팔을 하늘로 치켜 인면수심人面獸心 그리다가….

해넘이 모래톱

전어 떼 몰려온 걸까?
수면 위에 잔주름 일고

치자 빛 타는 석양 뉘엿대다 파들거릴 때

모래톱 썰리는 파도,
물물동물 흑역사 쓴다.

쓸모의 쓸모

섬만 섬이 아니고 홀로 서는 건 다 섬이다.

오매사복 잠 못 드는 저 바람결 숨긴 칼날,

제가끔 쓸모 속에도 뵈지 않는 송곳니 있다.

세상에나,

산천어 열목어가
혼인색을 띠나보다.

등 비늘도 뱃구레도
꽃단풍 치장하고

세상에,
무주공산이
곁불이나 쬘 낌새로다.

콤포지션 3

천야만야 단애 끝을

죽자 사자 뛰어내린다.

무넘기 타고 넘는,

울컥 울컥

헛구역질.

해거름 몸 풀린 노을

달래 할 말 잃는다.

콤포지션 4

보리 이삭 황달 드는

끝물 그 한갓진 봄날

민틋한 동산 저쪽

주황색 새털구름…

먼 바다

들깨운 파도가

곧추세운다, 말갈기를.

콤포지션 5

천왕봉 장군봉 위에 앉아 놀던 먹장구름, 조팝나무 하얀 꽃의 눈송이 쏟아낸다. 숲이며 산등성이가 옷깃 털고 일떠선다.

콤포지션 6

야수 그 혓바닥인가,
돈오돈수 삼켜버린

장작더미 불 번지고
관 모서리 허물어질 때

우지직 타는 불꽃이
목탁 소리 휘감는다.

콤포지션 7

미아보호 채광창에 휘파람새 앉아있다.

눈물 훔친 한 소년이 출구 쪽을 바라본다.

햇살 문 금빛 목도리가 손돌바람 날린다.

콤포지션 9

오뉴월 그 산모롱이
개망초 하얀 꽃망울

별 떨기 수런거리는
하늘 반쯤 열어놓고,

검누른 저녁 이내가
시가지를 짓누른다.

콤포지션 10

한 치 혀로 나불대는 게거품 자리 성채라,

하루가 천 년토록 부둥켜안은 슬픈 성채라,

저마다 정금^{精金}을 움키는 불퇴전의 도반이라.

구멍 숭숭 울 엄니

현무암 마주할 땐 구멍 난 가슴 떠오른다.

걱정과 격정 앞에서 속엣 것 다 태우느라

울 엄니 천야만야 헉, 무너져 내린 앙가슴이.

더부살이 조개

거북손 아기작 걸음
은실비단조개 뒤따라

납작 바위 옴팍 틈새
곁방살이 몸 비집는다.

전세도,
월세도,
똥줄 타는
3040 대명사로.

정선 현대 시조 **01**
바다 인문학
윤금초 단형시조집

2

해거름 점묘법點描法

땅거미 어둑발 물고 무당거미 널을 뛸 때

등 굽은 수평선 너머 공중제비 바람결 따라

아뿔싸!

세상 한 끝이

기우뚱, 하다 말다.

멜 들업서, 하영 들업서*

원담**에 춤추는 은빛
온 마을이 들썩인다.

봄에는 봄동 우리고
가을엔 배추 조리고

족바지*** 치렁한 무게
섬을 통째 끌고 간다.

※ 김준의 「맛과 섬(조선일보)」 참고.

---

* '멸치 들었다, 많이 들었다'는 제주 토속어.
** 제주도 전통의 돌 그물.
*** 뜰채의 제주 토속어.

망나니 사촌?

모기 다리 먹피 빠는
그 망나니 사촌인가.

언죽번죽 탑삭부리
눈물 콧물 빼먹은 뒤끝

때때로
콧바람 쐬고
능글 능신 주접떨고.

어처구니없는 날의 삽화

콩꽃 피고
꼬투리가
맺을 무렵 내리는 그
두화수豆花水
해코지에 그만
억장 죄 무너지고

하, 그적
잔해殘骸만 남은
매미 허물 되작이네.

달빛 탄주 1

먼 바다
되짚고 와서
덩두렷이 뜨는 포말
어지러워, 어지러워라,
불퇴전의 아우라여.
연거푸
재주를 넘는
달이 그만 까무러진다.

디오게네스 & 소라게

빈 항아리 골방지기
무념무상 디오게네스.

대왕ㅊㅌ도 턱짓 하나로 뭉개버린 새침데기.

소라게
엄지발가락도
위풍당당 추켜들까.

대흥사 나들목

색의 거장 납시었나?
하늘 가린
십 리 숲길.

렘브란트 붓질 같은
초록 차양
십 리 숲길.

잎과 잎
사이 비집고
틈입하는
빛의
난장이닷!

숲길, 가을비

빨간 건 빨간 대로

노란 건 노란 대로

푸른 건 또 푸른 대로 채도彩度 한껏 돋워 놓고

천 년 숲

들깨운 가을비

하늘귀도 씻고 있다.

오래된 시편

바싹 마른 입시울에 파르르 떠는 쉿소리다.

뱀을 살살 어르는 그 땅꾼의 입매도 잠시

끊일 듯 끊이지 않는 장송곡이 왜자하다.

눈썹달 환유換喩

섣달 초승 한 여인이

개울물에 발 담그고

하얀 속살 내비치나, 바지랑대 타고 앉아

이윽고 홑치마 걷는

새침데기

저 실눈.

파계사 는개

방하放下 설법 들어나 보려

성우 스님 뵈러 갔다가

는개 흩는 해거름 녘

부처님 알현 밀쳐두고

보살님
쉿, 쉿, 쇠~ 호강한
요강 한 채 업어왔지.

나리, 나리, 낄끼빠빠*

하늘 가녘

야브로시,

야브로시 걸터앉은

뭇 별자리 등 너머로

핏대 세운 '핏대 장관'.

거꾸로

소용돌이친다,

---

* '낄 때 끼고 빠질 때 빠지다'를 줄여 쓴 말.

가납사니

이안류^{離岸流}로.

아를의 밤[*]

북쪽 하늘 삼켜버린

큰곰자리 너볏하다.

꼼꼼한 필촉 너머로

타는 듯한 색채 분할,

무서리

살 떨리는 강

싸라기별 침잠한다.

---

* 빈센트 반 고흐의 「아를의 별이 빛나는 밤」을 말한다.

거먕빛 입술

강마른 마들가리

하초^{下焦}가 부실하다.

대끼고 대낀 입술, 페넬로페* 거먕빛 입술.

온몸을
칭칭 휘감은
눈물 붕대 흐너진다.

---

* 그리스 신화에 나오는 '트로이의 영웅' 오디세우스의 아내. 남편이 트로이 전쟁에 출정, 돌아올 때까지 20년 동안 많은 귀족들에게 구혼을 받았으나 모두 물리치고 끝까지 정절을 지켰다고 한다.

도봉산 산지기

곰솔나무 푸른 바늘 이슬이나 꿰는 걸까.

새경 한 닢 받지 못한 입석바위 산지기가

밤새껏 반쯤 문드러진 달빛 하냥 줍고 있네.

허천뱅이* 봄

오살나게**, 오살나게

봄날 하루 기나길고.

굴풋했던 에움길은 허벌나게 허기졌어.

저 서녘

온달 한 채가

돈짝인 양 가물댔어.

---

* 걸신쟁이의 전남 방언.
** '진짜로', 또는 '심하게'란 의미의 전라도 탯말.

어떤 소동

탱탱 여문

볼기짝을

풀빛 손이

매만진다.

화들짝

놀란 어름에

불불이

고개 든 꽃눈!

어머나

맨가슴 드러낸

저 난만한 발화(發話)를.

유혹

상큼, 달큼 중독성 강한

마성魔性의 음색이다.

귓가에 과즙 한가득 엎질러 놓은 말의 성찬.

오지게, 아아 오지게

살을 탐한

그 속삭임!

오뉴월 드팀전

오사리 잡것이나 늦사리 막것이나 흥

돈 놓고 돈 먹기로 찬바람 쌩, 쌩할 뿐

파장 난 오뉴월 드팀전

찬바람만 쌩, 쌩할 뿐.

무당거미 춤사위

해종일
신명 지핀
궁둥이 살
짓무를라.

해종일
미친 난장
광대탈춤
그도 겨워

해종일
너스레 떨다
게워 넘친
저 충만!

정선현대시조 **01**
바다 인문학
윤금초 단형시조집

3

암전暗轉

단애 끝 목숨 줄 놓고 딸꾹질 그예 하나?

울컥울컥 토악질하다

무넘기 넘는 해거름에.

아찔한 낙하의 그늘

낙월도落月島에 잠긴다.

신운神韻?

- 겸재의 「어옹도」

물보다 훨 시원한 붓 맛 절로 절로 풀어낸다.

엷고 짙은 청청 먹빛 조촐하게 포치布置한 날

예굽은 서너 자 낚대

물음표를
긋고 있다.

경회루 한낮

 바람 비 대끼고 대껴 푼푼하게 우려낸 색감, 쩨쩨하고 비굴하고 호들갑쯤 눈 돌리고 화강석 네모 돌기둥에 일렁이는 아치라니.

객쩍은 소리

윤고산을 불러올까
임백호를 데려올까.

그건 아냐, 그건 아냐. 입시울 죄 부르튼 밤 구겨버린 시전지^{詩箋紙} 위로 날려 보낸 녹슨 군말,

쨍그랑 살얼음 깨고 섣달그믐 밤 기우네.

튠드라 코끼리

위턱 뚫고 솟구치는 언월도^{偃月刀} 닮은 상아질^{象牙質}

하늘 한 끝 치받을 듯, 지축 또한 뒤흔들 듯,

튠드라 펀더기 너머 예^{羿}*의 아내 찾아가네.

---

* 고대 중국 하夏나라의 전설적 궁수. 그의 아내 항아姮娥 또는 상아象牙·상아嫦娥는 달의 여신이다.

풀밭 속의 체위

털진득찰 깨운 햇살 나절가웃 노닌 뒤끝

네잎갈퀴 꽃대 위에 묶음으로 곤두박인다.

한 마리 큰밀잠자리 그걸 품고 열반이닷!

잿빛 음산한,

흙 벌창 생가슴에, 생가슴에 불 무덤 품고

활터 그 과녁인가? 구멍 숭숭 뚫린 이생.

쓴너삼

뿌리도 같은

머흔 발씨

비척댄다.

병丙의 놉

이리 차이고, 저리 차인 헐레벌떡 틈바구니

갑도 을도 곁눈 거둔 병의 자리 놉이던가?

어디에 발을 디딜까, 가위눌린 이 하루도.

오싹

왼팔도 오른팔도 얼씬, 갈씬 닿지 못한

등마루 후미진 골이 난공불락 요새였다.

뻐꾸기 목쉰 울음이 무넘기에 걸린 그날.

기생초 데생

동살 잡힌 꽃대 끝에 젖빛 뜨물 비친 갑다.

세상 잘난 허우대로 오두발광 떠는 색기

농익어 발칙한 꽃이 하늘 한 결 홀린 갑다.

갯고랑 물길

휘어지고

굽이치고

길은 길을 낳고

또 낳는다.

물이 제 본성대로

흘러, 흘러 일궈낸 그 샛길

안태본 모세혈관도

춤추는 율동 에서 본다.

* 신병문 「하늘에서 본 전라도 33」 참고.

물떼새 노을 바다

한바다 들었다 놓는 댕기물떼새 울음소리

전갱이 붉은 아가미 물 비린 놀빛 풀고 뉘엿뉘엿 자맥질한다.

곡마단 꼽추 파도가 풍물 치는 북새통에.

가로왈 세로왈

피라미 십 년 묵었다고 붕어 되는 걸 봤느냐고? 빗낱은 언제 그쳤는가. 비거스렁이 북새통에 바람 끝 참 맵차다.

귀뚜리 풍월하듯이 가로왈 세로왈 늘어놓고.

어떤 환幻

앞산 이마 잔설 터는 해토머리 간주곡이다.

봄빛 물고 신명 돋운 고드름 어녹는 참에

멍때린 낙숫물 소리, 나를 그만 패대기친다.

아다다, 아다다

팔랑귀 파르르 떠는 그날 아침 신문 1면. 이리 궁싯, 저리 궁싯, 눈을 씻고 톺아봐도 탄핵 바람 맞불 놓는 썰렁한 군소리뿐!

아다다

부아가 끓네,

트라우마 골이 깊네.

쌍봉사 철감선사탑

물짠 것, 쪼잔한 것 어깨 겯는 접속사처럼

세월 더께 깊디깊게 품어 안은 이무런* 자리

겹겹이 연꽃을 물고 폴카 추는 만다라로.

---

* '서로 친하여 흉허물이 없다'는 전라도 탯말.

자작나무숲 데칼코마니

푸는목 더늠인가, 살 떨리는 아픔을 접고

가슴 뻥 뚫어주는 쾌도난마 창법으로 소리꾼 바람 목 놓아 운다.

세상에!

귀명창 따로 없네,

흰옷 펄럭 자작나무.

이무럽다[*]

옹기종기 어깨동무 뒷산 능선 감싸 안고

숫눈길 들판 가녘 즈려밟는 외씨버선발

겨울도, 눈보라 이승도 한 이불 속만 같다.

---

[*] '서로 친하여 흉허물 없다'는 전라도 방언.

봄볕 갸울다

자울자울 타는 늦볕 젖은 땅 삽날 씻는다.

입에 절로 봄이 익는 쌉싸래한 그 머윗잎쌈

옴나위 꼼짝도 못하네, 볼떼기 죄 미어지네.

무적霧滴

개 울음*,

소 울음소리

무적霧滴이 번져갑니다.

물안개 섬을 게우자

죽었다 도로 사는 섬.

개 울음

소금쩍 바람

---

* 바다가 우 우 우… 우는 소리.

하늘 절고,

뉘도 접니까.

정선현대시조 **01**
바다 인문학
윤금초 단형시조집

4

융프라우 만년설 1

물김인 듯, 물안갠 듯, 8부 능선 점령한다.

솜털구름 머물다간 큰 바위 아득한 협곡엔

천둥도, 지둥도 비켜 선 만년토록 흰빛 반란叛亂.

쉴트호른* 회전식당

설해목도 만년설도 발아래 꿇려나 놓고

야청하늘 끌어당겨 저만치 앉혀나 놓고

만국어 휘돌아가는, 회전 식탁 산솜다리[**].

---

* 스위스 알프스산 융프라우의 세 개 정상 가운데 하나인 쉴트호른Schil-thorn 전망대. '007 영화'를 촬영할 정도로 유명한 회전식당이 있다.
** 에델바이스와 비슷한 우리나라 특산 야생화.

쉴트호른 에델바이스

궁륭하늘 가는 열차 푸니쿨라* 빌어 타고

높쌘구름 어깨 겯는 산 정상 쿵쿵 이르자

디른들** 하얀 소녀가 폴카 춤을 추고 있다.

---

* 산악 기차. 밧줄의 힘으로 궤도를 오르내리는, 최대 경사도가 46도에 이르는 산악 교통수단이다.
** '디른들Dirndl'은 스위스의 전통 옷(여성용 생활 치마).

더디 오시는 가을

까르르
자지러지는
참깨나라 참깨 일가─家
똑똑 여문 사투리를
한 됫박씩 쏟아놓네.
그렇듯
배꼽 미어지는
왁자그르르 가을 외전外典.

매직 마커* 1

- 장욱진 「호작도虎鵲圖」

호랑이, 까치와 어울려 아이도 유유자적

장죽長竹 문 노인 화가 쪼그리고 바라보네,

종이 위 매직 마커로 세속 시름 걷어내며.

---

* 매직 마커Magic Marker : 수채화 물감. 화가 장욱진은 「가족도」 같은 작품에서 매직 마커를 즐겨 사용했다.

매직 마커 2
- 장욱진 「나무가 있는 풍경」

나무 한 그루 우람하게 화면 중앙 가르고 있다.

해도 달도 대칭으로 기와집 초가집 종요롭다.

시간이 덧없는 거기 무시영원無時永遠 경지라니….

매직 마커 3

- 장욱진 「와유臥遊」

모름지기 세상을 볼 땐 한쪽으로만 보지 마라.

90도로 화면 돌리면 누운 사람 일어선다.

누워서 세상을 보는 와유강산臥遊江山 발아래 든다.

매직 마커 4
- 장욱진 「술독」

보름이고 스무 날이고 마신 끝에 끝이 난다.

술독에 빠진 김에 더 마시겠단 그림 신호

그러게, 바닥을 뚫어야 이태백을 만날 테니.

매직 마커 5
- 장욱진 「산천풍경」

골바람 절로 인다, 골골샅샅 풀물 들도록

강을 낀 산발치에 들오리 떼 가쁜 날갯짓

까치녀 능수버들 딛고 늙은 해를 짖고 있다.

두 자루 장검長劍*

- 삼척서천 산하동색三尺誓天 山河動色, 일휘소탕 혈염산하一揮掃蕩 血染山河(석자 되는 칼로 하늘에 맹세하니 산과 물이 떨고, 한 번 휘둘러 쓸어버리니 피가 강산을 물들인다.) 『난중일기』에서

시위 떠난 화살은 늘
심장 향해 날아간다.

칼은 다만 칼집에서
부르르 속으로 떨고

목숨도
한 치 벼룻길
명량해전鳴梁海戰 그날에.

---

* 아산 현충사에 보관돼 있는 이순신의 장검.

서울의 봄

눈도 코도 뜰 새 없이 몰아치는 쿠데타다.

무가내 서울 점령한 게릴라 같은 눈보라,

발 동동 해토머리에 넉장거리 아찔하다.

미선나무 활유법活噓法

고것 참 가당찮네, 꼬리가 몸통 흔드는 거.

누구는 청무나 먹고 누구는 인삼 자시나?

분답한 저자 너머로 헉! 눙치는 미선나무.

푸른 분장사扮裝師

어느 결에 풀물 적셔 개칠 또 개칠하나?

자르르 참기름 먹인 눈엽嫩葉마다 획을 긋고

분장사 날랜 손길이 앞섶 뒤섶 물들이고 있다.

마른 수수깡

색맹色盲의 겨울 난장에, 밤도와 숫눈길에

하늘 저리 되작이는 맨발바닥 무녀리로

우리네 헐린 이생도 마른 수수깡 속이라….

그날의 추상

계룡산
으늑한 골짜기
장작 가마 불길 속

꽃도
날치도 아닌
검은 추상 무늬를 입고

치기가
뚝뚝 흐르는
막사발 하나 몸을 튼다.

쥐며느리 걸음나비

 춥고 추진 무덤 같은 돌확 밑에 몸 사린다. 죽자 사자 발버둥쳐도 못 헤어날 미궁인가?

 쯧 쯧 쯧… 잔인한 애옥살이, 실업수당 멱이 찬다.

시룻번 긁는 소리

툭 허면

장 푸러 가서

시룻번 긁는 소리.

뒤통수 학문 들었나,

이마빼기 상식 묻었나?

네 활개

휘휘 젓는다, 선불 맞은 짐승처럼.

해거름 콧바람

 해거름 한갓진 데 손때 먹은 헌책 같은 낙장落張 볕뉘 물려 놓고 花들짝 트인 강안 콧바람 쐬고 있다.

 우린 참 늙는 게 아니라 싸목, 싸목 익어간다.

천둥산 목불암

웬 생불生佛이 납신 겐가? 느티나무 고사목 속에.

손바닥만 한 목불암木佛庵에 서방정토 밀고 오는 아미타불 모셔 놓고

아무렴. 시홀방장十笏方丈*이 따로 없다 귀띔하네.

---

* 불교 경전 『유마경』의 주인공 유마거사(維摩居士)는 어느 날 시홀방장 작은 방에 구름처럼 몰려든 사부대중 앉혀 놓고 한 끼 밥 나누어 실컷 먹이고도 남았다고 한다.

노랑머리 석가

이제 노랑머리 석가를 만져 보려 하는 겐가?

보릿대 구멍으로 본 하늘도 하늘이지만, 그게 어디 온전한 하늘인가?

헛짚고 변죽만 핥는 군맹모상* 얼뜨기야….

---

* 군맹모상(群盲摸象)이라는 말이 있다. 『열반경』에 나오는 비유인데, 눈먼 사람들이 코끼리를 만져 보고 각기 다른 이야기를 하더라는 것이다. 귀를 만진 청맹과니 키와 같다고 하고, 코를 만진 당달봉사 절구통 같다고 했다. 다리를 만져 본 한 장님은 기둥 같다고 하고 배를 만져 본 장님은 벽 같다고 했다. 이 모두가 전체를 보지 못하고 부분만을 만졌기 때문이다.
- 조오현 역해 『벽암록』 참고.

정선 현대시조 **01**
바다 인문학
윤금초 단형시조집

5

홑것

가비얍게 솜털 물고 우화등선羽化登仙 길 떠나는,

이쯤에서 가비얍게 겨운 등짐 내려놓고 우화등선 솜털처럼 길 떠나는 머흔 이승.

저렇듯, 또 가비얍게 재를 넘는 뒤태라니….

오동꽃, 문득 번다

자드락길 등굽잇길

몇

몇

굽이

돌고 돈다.

차 떼고

포 떼고 난 뒤

이문이고 쥐뿔이고….

먼

달빛

무장 찢어질 때

문득 번다,

오동꽃.

계륵鷄肋 1

먹새 씀새 당최 없는, 뒷공론 설거지통이다.

난바다 역린逆鱗 끌고 잠룡潛龍들이 뒤설레 치고

열없게

절絶에 이르는

공무도하, 공무도하.

계륵鷄肋 2

불가촉 천민인가, 머나먼 변방 배돌다가

곤때 낀 낮달이 첨벙 도랑물에 투신할 즈음

나간 집

지붕에 물린

현완직필懸腕直筆 구름 일가一家.

볕뉘 몽리면적

빗살무늬 짓고 허문 소리꾼 바람 멱이 차다.

자벌레 한 뼘 한 뼘 늙은 그늘 자질하듯, 몽리면적 늘린 볕뉘

뜬세상 먹구름 너머 귀명창도 불러낸다.

쏴…

솟대 끝에 들명날명* 바람 명창 불러 놓고

먹장구름 보란 듯이 내리뛰는 초콜릿 폭포

세상에. 직립 이생이 돈짝만큼 왜소하다.

---

* '들며 나며'의 제주도 말.

쨍그랑 꽃잠 깨는

산이 산을 감싸 주고 산이 산을 보듬는다.

칠흑 어둠 털어내고 산문 여는 새 날갯짓

쨍그랑! 금빛 꼭두새벽, 그예 산이 꽃잠 깬다.

밀밭 냄새

점 하나 굴러간다, 지평선에 빗금 긋고

코끝에 묻어오는 밀밭 냄새 가르마길… 풀물 팽글 굴러가고

오동잎 바람을 물고 술추렴 가나 보다.

갈잎 떨기

쥐면 바스러질 것 같은 마른 저 갈잎 떨기

지나온 길 실뱀처럼 눈에 삼삼 아스랗다.

하기야,

저물지 않는 강이

천지사방 또 있을까만….

겨울 게릴라

응달에 웅크린 눈이
희끗
센 머리 못 감춘다.

그래,
때로는 저렇게
게으른 걸음 걷는 게지.

봄 어귀
겨울 게릴라
떼를 쓰는 그 어름에.

논다니 되는규

놀랠 노자 위뜸쯤에 깜짝 깜자 얹어 놓고

네 미룩 내 미룩하다 해넘이에 왜장친다구.

아 글쎄, 내 장 뭐랬나? 사정 봐주다 논다니 되는규.

흑싸리 껍데기

주제꼴이 후줄근허니께 흑싸리 껍데기 같은 감?

쌍꺼풀 수술 비끗하여 눈두덩이 달팽이 지난 꼴을 이 날 이때꺼정 허구설랑.

늦마에 담장 무너지는 겨. 이냥저냥 내년보살 허구설랑.

울라문 한이 있간디

 그랑께. 말 한 번 뱉으문 빼도 박도 못하지라, 아먼, 아먼. 울라문 한이 있간디. 눈에 눈물 비쳐불문 금매, 자석들 안 좋을깨비. 우리야 허튼 걸음 안하고 암팡지게 살아왔제.

넌더리 퀴퀴한…

개구리 알 샴푸* 풀어 묵은 땟국 씻어낼까?

겁박하는 '청탁금지' 쇠푼 한 닢 몰래 줠까?

넌더리 퀴퀴한 항간巷間을 샴푸 풀어 씻어낼까?

---

* 프랑스 샴푸 제품 'RENE FURTERER'. 샴푸가 담긴 튜브 안에 개구리 알 같은 푸른 알갱이가 떠다닌다.

3월 혁명

춥고 어둔 흙속에 묻혀

몇 날 며칠 웅크렸니?

터진 살갗, 흠집 속살

아픔도 다 덜어내고

보는가!

혁명의 들녘에

일떠서는 초록 함성.

비폭력 테러
- 박상희 조각

벼리고 벼린 도끼날에 금빛 석가 앉아 있다.

박격포 탄피 물고 야훼의 꽃 펑펑 터치고, 녹슨 철모 정수리에 모로 누운 법당이라니….

세상에,

총 들지 않은

테러집단 거기 있다.

북악산 먼발치

검은 복면 어릿광대

북악산 자락 어정댄다.

문고리 권세 치마폭에 반쯤 몸통 가려 놓고, 날 잡아 봐라 엉너리치다

배 째라… 배 째라, 배 째!

막무가내 버팅긴다.

철렁!

반투명 어둠이 고인

안개 풍선 부푼 거리

갖갖 색상 챙모자가 털레걸음 서성이는, 모딜리아니 살빛 산책로…

한 순간

피자판 쪼개듯

가슴 철렁

조각난다.

물때

들고 써는 밀물 썰물 스물셋 날 눈 빠진 고기

조금 그 열다섯물엔 용왕님 불알도 죄 보이고

비린 것 입질이 잦네, 사돈 빚도 다 갚겠네.

엄살

 오금 저린 전쟁같이, 심장 겨눈 전쟁같이, 누구나 도둑질은 심심소일 아닌 거야. 인간아! 뚱딴지 앞섶 잠그는 자물통이 생긴 거야.

정선현대시조 **01**
바다 인문학
윤금초 단형시조집

해설

작품 해설

통변通變의 시학과 풍골風骨의 미학

임채성(시인)

　우리가 아는 세상에서 변하지 않는 것은 없다. 우주의 기운도, 사람의 운명도, 산과 바다의 형태까지 쉬지 않고 움직이며 변화한다. 뽕나무밭이 푸른 바다가 되기도 하고, 쥐구멍에도 쨍하고 볕 들 날이 있다. 자연 생태계뿐만 아니라 인류의 역사와 문화도 이러한 '변화 메커니즘'의 산물이다. 변화하는 세상에 속한 존재자의 변화는 생존을 위한 필수 전략이다. 오직 환경의 변화에 적응한 생명체만이 살아남는다는 찰스 다윈의 진화론에 비추어 변화에 적응하지 못한 생명체는 도태됐음을 깨닫고 유연하게 대응하는 능력을 키워야 한다.

그럼에도 우리는 대개 변화를 거부하고 변화에 저항하려는 태도를 보인다. 자율신경계와 내분비계의 상호작용으로 변화를 최소화하고 안정 상태를 유지하려는 항상성恒常性이라는 신체적 특성 때문이다. 현대 사회진화론이 주장하듯 과거의 경험과 방식, 기존의 지식과 정보로는 미래의 변화에 대응하기 어렵다. 여기서 변화는 혁신을 말한다. 짐승의 가죽에서 털을 뽑아 다듬은 것을 '혁革'이라 하고, 털이 뽑힌 가죽은 다른 것으로 새롭게[新] 변화한다는 뜻에서 혁신이라는 말이 생겨났다. 가죽이 벗겨지고 털이 뽑히는 짐승의 고통과 사냥꾼의 용기, 갖바치의 노력이 없이는 불가능한 일이 혁신이다.

  우리 고유의 전통 시가 장르인 시조 또한 변화와 혁신을 거듭하며 오늘날에도 그 생명력을 굳건히 유지하고 있다. 고려 중기에 시작해 말엽에 이르러 독자적 정형성을 확립한 시조는 신라 향가鄕歌로부터 그 기원을 찾는다. 10구체 향가의 3단 구조를 잇는 고유의 양식으로, 향가가 사라진 다음 다시 정립된 서정시라는 것이 학자들의 대체적인 견해이다. 향가와 고려속요 같은 고전시가의 전승 과정을 거치는 동안 시조가 우리 민족의 정서와 우리말의 구조에 가장 맞춤한 형식으로 자리 잡았다는 것이다.

향가를 기원으로 삼는 만큼 시조는 일정한 형식을 갖추고 있다. 3장 6구라는 정형의 질서 안에서 세계와 인간의 통합성, 주체와 사물 사이의 동일성을 추구할 때 자기 정체성과 주체성을 확보할 수 있다는 이야기다. 그러나 한편으로는, 이러한 형식적 전통 때문에 운신의 폭이 좁아 '고루하다'는 편견의 희생양이 되어 왔다. 시조의 정형 양식은 복잡다단한 현대 사회의 여러 상황에 대한 가치 판단과 그 정서적 반응을 다채롭게 담아내기에는 한계가 있다는 것이다. 그럼에도 불구하고 정형의 질서 안에서 내면에 대한 성찰과 사회에 대한 비판적 언술을 다듬고 있는 시인들은 여전히 많다. 시조는 형식에 갇힌 시가 아니라 형식을 갖춘 시라며 정형 속의 가변성을 알아차리고 무한대의 자유를 누리는 그들의 행보는 정형 양식의 존재론적 위의威儀를 드높이는 발판이 된다.

중국 근대문학의 큰 별 루쉰이 아리스토텔레스의『시학』에 비견되는 문예 이론서이자 글쓰기의 전범으로 극찬했던 유협劉勰의『문심조룡文心雕龍』에 '통변通變'이란 장이 나온다. 문학은 통하고 변하는 것이 중요하다는 뜻인데, 여기서 '통'은 전통의 계승을 가리키는 말이고, '변'은 말 그대로 전통의 변화를 꾀해야 한다는 뜻이다. 이는 변화의 근원을 옛것으로 하면서 새롭게 통해야 함을 강조한 말이다. 결국, 변하는 것과 통하는 것은 하나이다. 변하는 것은 전통을 바탕으로 해야 하고, 통하는 것은 새로운 전통을 만들어가야 한다. 통하지 않으면 변할 수 없듯이 변하지 않으면 통할 수가 없기 때문이다. 연암 박지원도 "옛것을 모범으로 삼되 변화할 줄 알아야 하고, 변화하되 능히 법도를 지킬 줄 알아야 한다[法古而知變 創新而能典]"(『초정집서楚亭集序』)고 글쓰기의 지침을 이야기한 바 있다. '법고창신'이란 말은 여기에서 유래한다.

바로 이 지점에서 윤금초라는 브랜드는 더욱 돋올해진다. 통변, 혹은 법고창신의 원리에 딱 들어맞는 것이 그의 시조이기 때문이다. 지난 20여 년 동안 제자로서 곁에서 지켜봐 온 윤금초 선생님은 적당한 머무름을 허용치 않는 굽이치는 강물이었다. 끊임없는 자기성찰과 작품 혁신을 통해 새로움을 추구해나가는 모습은 그 자체로 법고창신의 전형이었다. 1968년 등단 이래 반세기가 넘는 시간 동안 윤금초 시인은 다양한 형식 실험을 통해 정형 양식의 발전 및 분화 가능성을 타진하고, 전통적인 자연 서정에서 벗어나 풍자와 해학의 골계미를 입담으로 형상화하며, 시조의 현대화와 대중화에 앞장서 왔다. 특히 형식에만 치중해 내용적인 측면에 소홀한 시조 문단을 꾸짖듯 평시조와 사설시조를 결합시켜 역동성과 창조성을 배가시킨 양식적 실험은 현대시조의 도식성을 극복하는 단초를 제공했다는 점에서 큰 주목을 받아 왔다. 형식과 내용 모두에서 나타나는 이러한 창조적 실험과 도전은, 시조가 형식이 닫혀 있는 정형시定型詩가 아니라 절제된 자유를 추구하는 정형시整形詩에 관한 탐구활동이라 할 수 있다.

 윤금초 시인이 이번에 보여주는 신작들 역시 그가 견지해온 보편적 기율과 작풍에서 크게 벗어나 있지 않는다. 단시조만으로 구성된 이번 시집에서도 사설시조 등의 양식적 실험과 함께 자아와 세계를 아우르는 걸쭉한 입담과 정제된 말부림을 통한 모국어의 미학적 활용을 확인할 수 있다. 객관적인 세계와 주관적인 언어 사이에서 새로운 가치 창출을 모색하고 있는 이러한 시편들은 윤금초 시조미학의 한 특징인 강건한 기운과 호쾌한 기질이 어우러진 풍골風骨의 가치와 어울림을 전승하는 주된 통로가 되고 있음도 발견하게 된다.

1. 통변通變, 그 양식적 변형과 다층적 미의식

유협은 『문심조룡』 '통변'에서 문학은 통하고 변하는 것이 중요하다고 했는데, 이는 통하는 것으로 끝나지 않고 변하는 것이 필요하다는 말이다. 변화를 견디어야 오래 갈 수 있고, 통하는 것에 익숙해야 궁핍하지 않다는 것이다. 이러한 통변의 개념은 『주역』에서 기원한다. 『주역』 '계사繫辭'에 보면, "궁하면 변하게 되고, 변하면 통하게 되며, 통하면 오래간다[窮則變 變則通 通則久]"고 했다. 결국 통하면 달達하게 되는 법이다. 그러므로 창조적 미의식에 통달한 윤금초 시인의 시조는 닫힌 텍스트가 아니라 열린 세계다. 전통의 계승과 예술적 창조, 정격正格과 변격變格 사이의 고뇌를 잘 보여주는 양식적 실험들은 시조 미학에 대한 끊임없는 추구이자 새로움과 차별화에 대한 탐색이라 할 수 있다. 전통과 변화라는 평균대 위에서 형식과 실험, 사물과 언어의 이치와 관

계를 훤히 꿰뚫어 봄으로써 무불통지無不通知의 한 경지에 이른 것이다.

    냉이꽃 하얀 봄이 옥상 터앝 퍼질러 앉아

    토란잎 부추 따위 신생新生의 아침을 밀고, 해 설핏 소꿉놀이 신명도 겨운 짬에

    까르륵 꽃 봉인封印 뜯네.

    소름 돋는 이 전율!

-「냉이꽃 신명」 전문

  윤금초 시인이 견지해온 창작 태도는 전통과의 미학적 거리 두기에 있다. 전통을 계승하되 그것을 현대적으로 마무르고 매조지는 것이다. 오늘의 시조문학을 '윤회'만 있고 '변화'는 없다고 진단한 그의 시안詩眼은 스스로에게 '다양한 변주'와 '서정성 확장'을 꾀하게 만들었다. 시집의 맨 첫 장을 장식하고 있는 「냉이꽃 신명」

은 윤금초 시인의 양식적 실험을 잘 보여주는 가편이다. 단순히 사설시조로 구현된 변격이어서가 아니라 그 변격이 내용과 맞물려 시너지효과를 내고 있다는 점에서 그렇다. 2구 4음보의 기본 율격에 더해 딱 그만큼이 더 길어진 중장은 '냉이꽃'이 물고 온 봄의 신명을 뒷받침하는 질료가 됨으로써 주제를 형상화하는 미학적 장치로 기능하고 있는 것이다. 이처럼 윤금초 시인은 「객쩍은 소리」, 「물떼새 노을 바다」, 「가로왈 세로왈」, 「해거름 콧바람」 등 여러 작품에서 2음보격 연속체로 역동적인 리듬을 타는 경쾌 발랄한 사설을 엮어간다. 그러다가 한 번씩 기계적인 율격에 가끔 엇박자를 넣을 때도 있다. 이는 휴지(休止)의 공간을 열어둠으로써 행간의 여백을 극대화함과 동시에 찰나의 감정을 절정으로 끌어올리기 위한 전략적 선택일 것이다. 이러한 엇박자의 리듬은 다음 작품에서 특히 두드러지게 나타난다.

    색의 거장 납시었나?

    하늘 가린

    십리 숲길.

렘브란트 붓질 같은

초록 차양

십리 숲길.

잎과 잎

사이 비집고

틈입하는

빛의

난장이닷!

- 「대흥사 나들목」 전문

  이 작품에서는 종장의 결구(結句)에 엇박자가 들어 있다. "잎과 잎/ 사이 비집고/ 틈입하는/ 빛의/ 난장이닷!"으로 일반적인 4음보 규칙에서 벗어나 "빛의"라는 1음보를 의도적으로 삽입해 놓았다. "틈입하는/ 빛의 난장!"으로 끝맺을 수 있음에도 과음보로 매조진 것은 '초록 차양' '숲길'에 쏟아지는 '빛'의 장관을 더욱 강조하기 위한 수사적 장치인 셈이다. 「대흥사 나들목」에서처럼 정격과 변격을 능수능란하게 넘나드는 형식상의 실험은 「어처구니없는 날의 삽화」에서도 발견된다. "콩꽃 피고/ 꼬투리가/ 맺을 무렵 내리는 그/ 두화수豆花水/ 해코지에 그만/ 억장 죄 무너지고"라는 초·중장에서 "해코지에/ 억장 죄 무너지고"라고 해도 될 것을 "그만"이라는 부사어를 넣어 '무너지는 억장'을 더욱 강조하고 있는 것이다.

2음보격 연속체로 엮은 리드미컬한 사설시조와 더불어 엇박자의 리듬을 추임새로 넣는 창작법은 윤금초 시인만의 오롯한 개성이다. 그것은 전통 시조의 도식성을 극복하고 현대사회의 복잡다단한 일상을 담아내기 위한 탄력적인 형식 운용의 한 전략으로 이해된다. 대단히 짧은 호흡의 극단적인 행갈이와 몇 개의 행을 돌출시킨 「오동꽃, 문득 번다」에서 보여지는 형태주의 실험은 또 다른 방식의 형식 운용이라 할 수 있다. 유협이 "시대를 벗어나 달릴 때는 과단성이 필요하고, 기회를 타고 갈 때는 두려움이 없어야 한다"고 역설했듯이, 전통이라는 굴레에 얽매이지 않고 자신만의 독창적인 시조세계를 열어가는 창조적 행보는 그 내용에 있어서도 한 곳에 머물지 않는 다변적이고 다층적인 사유로 형상화된다. 이러한 사유의 이면에는 인문학적 소양이 자리하고 있다.

> 모래톱 베고 재주넘는 파도의 하얀 포말. '엎치락'하면 잇따라 '뒤치락' 몸을 틀고, 때때로 수미상관首尾相關의 손바닥소설 쓰고 있나?
>
> - 「바다 인문학人文學」 전문

사회가 단선적으로만 치달을 때 쇠퇴하고 만다는 것은 인류의 역사가 증명하고 있다. 인간과 관련된 근원적인 문제나 사상, 문화 등을 집대성한 인문학은 이러한 흐름을 막는 보루이자 사회가 나아갈 바를 알려주는 등댓불이다. 모든 학문의 기초가 될 뿐만 아니라, 생활과 실천의 지표가 되는 학문이기 때문이다. 인문학은 같은 생각을 반복하는 것이 아니다. 시대의 경계를 넘어서 통하고 또한 시대에 따라서 변하는 것이 인문학의 근본 이치이다. 변하지 않는 인문학은 정체되고 사멸되기 마련이다. 그렇다고 근본을 팽개치고 변화만 모색할 수도 없다. 그런 면에서 유협이 주창한 '통변'의 원리와도 일맥상통한다. 윤금초 시인은 이러한 인문학의 원리와 가치를 잘 이해하고, 또 이를 오롯한 시조미학으로 형상화하는데 공력을 들이는 시인이다. 이번 시집의 표제작이기도 한 「바다 인문학」은 시인의 세계관과 문학적 심미안을 잘 보여주고 있다는 점에서 주목된다.

  지구 표면적의 2/3를 차지하고 있는 바다는 모든 생명의 기원으로 알려져 있다. 정치·경제·문화·역사를 아우르는 지식과 통찰력으로 현대 유럽 최고의 석학이라 불리는 자크 아탈리Jacques Attali는 바다를 가리키며 "자유와 영예와 도취와 비극을 가르친다"면서 "단지 어업, 모험, 발견, 교류, 부富와 권력의 공간만은 아니다. 무엇보다도 바다는 인류 문화의 주요한 원천이다"(『바다의 시간Histoires De La Mer』)라고 말했다. 이에 대해 윤금초 시인은 '인문학' 그 자체라고 응답한다. 화자는 모래톱에 부서지는 하얀 포말이 엎치락뒤치락 몸을 트는 모습에서 처음과 끝이 서로 닮은 "수미상관의 손바닥소설"을 떠올리고 있다. 손바닥 크기 분량이라 '장편소설掌篇小說' 또는 '엽편소설葉篇小說'로도 불리는 '손바닥소설'은 짧은 분량에 인생의 번쩍이는 한순간을 포착해 재기와 상상력으로 독자의 허를 찌르는 문학 양식이다.

그 때문에 작가의 세계관과 문학작품으로서의 예술성을 응축시켜 놓는데 가장 적절한 장르로 인식된다. 그러니까 시인은 바다를 온갖 알레고리와 메타포의 언어로 집대성된 커다란 우주로 보고 있는 것이다. 그곳은 무엇이든 일어날 수 있는 가능성의 공간이자 소설 같은 이야기가 끝없이 펼쳐지는 열린 세계이다. '바다 인문학'이란 제목을 붙인 이유를 짐작할 수 있을 것 같다. 아울러 "'엎치락'하면 잇따라 '뒤치락' 몸을 트"는 "파도의 하얀 포말"에서 재기 넘치는 소설가를 끌어낸 시인의 심미안이 놀랍다. 인문학적 통찰과 아무도 보지 못한 길을 체관하는 심미안이 없다면 불가능한 상상력이다.

빈 항아리 골방지기
무념무상 디오게네스.

대왕ㅊㅌ도 턱짓 하나로 뭉개버린 새침데기.

소라게
엄지발가락도

위풍당당 추켜들까.

- 「디오게네스 & 소라게」 전문

  시인은 철학이나 종교, 정치와 같은 보편적 관념을 겉으로 드러내기보다 안으로 삭이면서 생활에 대한 보편적 공감을 이끌어내야 하는 숙제를 안고 있다. 그러기 위해서는 공상空想이나 망상妄想이 아닌 상상想像이 필요하다. 시는 비현실적이고 비합리적인 생각이 아닌 '있을 법한' 생각을 형상화하는 데 목적이 있기 때문이다. 「디오게네스 & 소라게」는 역사와 철학이라는 오래된 관념을 '소라게'라는 대상물에 투영시킴으로써 보편적 공감의 세계로 이끈다는 점에서 주목을 끈다.

  디오게네스Diogenēs는 고대 그리스 키니코스학파의 대표적 철학자로서 가난하지만 부끄러움이 없는 자족 생활을 실천했다고 알려져 있다. '개와 같은 생활(kynicos bios)'에서 학파의 이름이 유래했듯 디오게네스는 개의 덕을 따르면 진정한 내면에 이를 수 있다고 생각했다. 그는 누구라도 필요 이상의 물건을 소유해서는 안 된다며 '개처럼' 집 대신 커다란 나무항아리 속에서 살

았다. 항아리 앞에 앉아 햇볕을 쬐면서 주위에 몰려든 사람들에게 지혜를 들려주곤 하던 어느 날 알렉산더 대왕이 찾아왔다. 대왕이 소원을 묻자, 아무것도 필요 없으니 햇빛을 가리지 말고 비켜 달라고 했다는 일화는 유명하다. 가진 것이 없어 도둑 걱정을 할 필요가 없고, 아는 척하거나 추상적인 철학을 하지 않아도 되고. 다만 진리를 향해 정직한 소리를 낼 수 있는 삶이 디오게네스가 추구한 '이데아'였던 것이다.

그러므로 "빈 항아리 골방지기"는 무욕의 삶을 실천한 상상계의 디오게네스이자 소라고둥의 껍데기를 집으로 삼고 있는 현상계의 소라게다. 디오게네스가 개의 페르소나로 살고자 했던 것처럼 소라게는 디오게네스의 페르소나이자 분신인 셈이다. 역사와 철학이라는 지식을 기반으로 '개'와 '게'의 유사음성이 일으키는 음운론적 이미지까지 덧입혀져 재미와 깊이를 더하고 있는 것이다. 이러한 시인의 심미안은 역사와 철학뿐만 아니라 종교와 신화, 미술과 음악 등 다방면에 걸쳐 표출된다. 이를 일러 문학평론가 유성호 한양대 교수는 "동서와 고금을 교차하는 박람博覽의 상상력"(시집 『독의 계보』

(문학의전당, 2023) 해설)이라고 표현했는데 필자도 이에 동감한다. 「디오게네스 & 소라게」 외에도 트로이전쟁의 영웅 오디세우스의 아내 '페넬로페'의 정절을 노래한 「거먕빛 입술」을 비롯해 빈센트 반 고흐의 그림을 재구성한 「아를의 밤」과 겸재의 '어옹도'를 데생한 「신운神韻?」, 장욱진의 그림을 연작시조로 펼친 「매직 마커」, 박상희 조각을 형상화한 「비폭력 테러」 등의 작품은 두루 넓은 시인의 인문학적 토대를 가늠케 하는 바로미터라 할 수 있다.

2. 풍골風骨, 강건한 시대정신과 풍성한 언어 미감

문장은 무형의 기운과 유형의 뼈대가 조화를 이루어야 한다. 기운이 없으면 문장에 힘이 없고, 뼈대가 없으면 제대로 설 수가 없다. 기운은 풍風이라 하고 뼈대는 골骨이니 유협이 말한 '풍골'이 바로 이것이다. 말을 맺는 것이 단정하고 바르다는 것은 문장의 '골(뼈대)'이 이루어졌다는 것이고, 뜻과 기질이 뛰어나고 호쾌하다는 것은 문장의 풍(기운)이 맑다는 것이다. 꿩이 화려한 깃털을 갖추어서 날아올랐지만, 백 걸음밖에 날지 못하는 까닭은 살은 풍만하되 힘이 약하기 때문이고, 매가 색채는 모자라지만, 깃털로 날아서 하늘에 다다를 수 있는 까닭은 골이 굳세고 기운이 맹렬하기 때문이다. 문장의 재능과 힘도 이와 비슷하다며, 빛나는 무늬로 높은 하늘을 날아오른다면 진실로 그 문장은 봉황의 울음이 될 것이라는 게 유협의 설명이다. 그런 점에서 정제된 언어와 풍부한 수사로 문장의 기운과 **뼈대**를 강건하게 세운 '윤금초 시조미학'이야말로 가히 봉황의 울음이라 할 만하다.

　　죽음 앞둔 숨탄것들 미친 듯 정사를 한다.

　　치명의 상처 위로 침을 가끔 발라가며

　　죽살이 파정의 절정

　　할! 소리도 사치인가?

- 「할嚆」 전문

'할喝'은 선불교에서 스승이 제자를 진리로 인도할 때 질타하는 고함소리이다. 선禪의 특징은 문자를 세우지 않는다는 불립문자不立文字에 있다. 여기서 문자는 부처님이 설하신 교법인 경전을 의미한다. 그 때문에 선가에서 스승이 쓰는 언어는 경전 구절이나 구구절절한 이론들이 아니다. 수행자가 이때까지 듣도 보도 못한 초논리적이고 비상식적인 언어를 구사한다. 그 때문에 획기적이고 돌발적이며 반어적이다. 이러한 선가의 언어들 가운데에서도 더욱 파격적인 언어가 '할'이다. 팔만사천법문의 응축이라 할 수 있는 '할'은 지식을 쏟아내는 사구死句 법문이 아니라 활발한 지혜에 의해 나오는 활구活句 법문인 셈이다. 즉, 선의 수행에 별 도움이 되지 않는 평범하고 속된 언어가 아니라 말이나 글로써 나타낼 수 없는 도리를 나타내기 위해 지르는 깨우침의 소리라는 뜻이다. 이러한 생동감은 위의 작품 「할」에 그대로 투영되어 있다. 언제 죽을지 모르는 찰나의 인생을 깨닫지 못하고 있는 '숨탄것들'에게 죽비를 내려치는 것이다. 쾌락에만 탐닉해 "미친 듯 정사를 하"고, "치명의 상처 위로 침을 가끔 바"르는 임시방편의 즉흥 처방으로는 죽음만 앞당길 뿐이라는 계시이기도 하다. 삶과 죽음의 경계에서는 꾸지람도 사치냐고 반문하는 화자의 목소리가 대선사의 고함처럼 우렁차다. 불립문자의 깨우침을 꽉 짜인 현대 언어표현으로 바꾸면서도 막힘이 없는 경지, 이것이 풍과 골의 조화로운 힘이라고 할 수 있다.

팔랑귀 파르르 떠는 그날 아침 신문 1면. 이리 궁싯, 저리 궁싯, 눈을 씻고 톺아봐도 탄핵 바람 맞불 놓는 썰렁한 군소리뿐!

아다다

부아가 끓네,

트라우마 골이 깊네.

- 「아다다, 아다다」 전문

풍과 골이 조화된 시인의 우렁찬 목소리는 우스꽝스런 정치 현실에 대한 풍자와 부조리한 세상에 대한 조롱으로 이어진다. 시인에게 있어 세상은 낭만의 공간이 아니다. 이는 자아와 세계와의 부조화를 통해 미적 체험에 이르지 못한 현실을 꼬집고 비트는 쪽으로 승화시키는 바탕이 된다. 「아다다, 아다다」는 자아와 세계가 각기 특수한 성격을 상실하고 하나의 새로운 동일성의 차원에서 승화되지 못한 현실에 대한 탄식이자 조롱이다. 이 작품은 중장 부분이 4음보가 중첩된 구조로 이루어진 사설시조구조이다. 현실 세계의 부조화를 기존 정형 양식과의 부조화라는 형식의 대치로 치환함으로써 기운과 뼈대의 어울림을 더욱 깊게 만든다.

'아다다'는 계용묵의 단편소설 「백치 아다다」의 주인공 이름이다. 원래 이름은 '확실이'지만 벙어리인 탓에 그녀가 말을 할라치면 '아다다다'라는 소리밖에 나지 않아 '아다다'로 불린다. 바보인 탓에 세속의 때가 묻지 않은 심성을 가진 백치는 순수한 인간성의 상징이다. 소모적인 정치 싸움만 거듭하며 민생은 나 몰라라 팽개쳐진 탄핵정국을 바라보는 화자의 가슴은 끓는다. 어떤 색에도 물들지 않은 순백의 자아에게 "썰렁한 군소리"만 늘어놓는 정치판이 좋게 보일 리 만무하다. 중립적이고 객관적인 시각에서는 잘하고 못하고, 잘나고 못나고의 차이가 없다. 그 때문에 대중의 속은 부글부글 끓고, 정치인에 대한 혐오증도 커진다. 하지만 대중은 힘이 없다. 그저 앓는 소리만 '아다다다' 하며, 트라우마의 내상에 신음할 뿐이다.

이처럼 시대의식에 기반해 골법이 강건한 시편은 그 외에도 많다. '곁방살이'의 서러움을 형상화한 「더부살이 조개」, 적반하장의 진수를 보여주는 「나리, 나리, 낄끼빠빠」, '갑'도 '을'도 아닌 '병'의 비애를 다룬 「병丙의 놉」, 문고리 권세를 조롱하는 「북악산 먼발치」 등 소재나 주제도 다양하다. 이러한 시편들은 대상의 이면에 감춰진 의미를 추적하고, 우리의 세계와 삶을 사유하고 탐문하여 문학적인 형상화를 시도한다. 이를 위해 시인은 묘사와 진술의 유기적인 어우러짐을 모색한다. 즉 묘사 중심의 시에 진술을 더해 시적 사유를 확장하고, 진술 중심의 시에 묘사를 개입시켜 감각적으로 이미지화하는 것이다. 묘사와 진술의 조화 또한 풍골의 미학적 추구라 하겠다.

놀랠 노자 위뜸쯤에 깜짝 깜자 얹어 놓고

네 미룩 내 미룩하다 해넘이에 왜장친다구.

아 글쎄, 내 장 뭐랬나? 사정 봐주다 논다니 되는규.
- 「논다니 되는규」 전문

주제꼴이 후줄근허니께 흑싸리 껍데기 같은 감?

쌍꺼풀 수술 비끗하여 눈두덩이 달팽이 지난 꼴을 이날 이때 꺼정 허구설랑.

늦마에 담장 무너지는 겨. 이냥저냥 내년보살 허구설랑.
- 「흑싸리 껍데기」 전문

독재적 권위나 우스꽝스런 현실에 대한 풍자와 부조리한 세상에 대한 조롱은 윤금초 시인을 특징짓는 골계滑稽 미학으로 승화된다. 골계미는 부조화와 비루함, 반이성적인 요소들을 결합시켜 독특한 미학적 가치를 달성하려는 창작원리이다. 자연의 질서나 이치, 사람살이의 정한 등을 찌르고 비트는 풍자와 해학의 수법으로

우스꽝스러운 상황이나 인간상을 구현하며 익살을 부리는 가운데 어떤 교훈이나 깨달음을 준다. 심각한 상황에서도 해학과 위트로 웃음을 유발시켜 그 상황을 유연하게 매조짐으로써 '농담의 카타르시스'를 완성하는 것이다. 윤금초 시인은 자신의 시집 『질라래비 훨훨』(시인생각, 2013)에서 「시인의 말」을 통해 이에 대한 견해를 피력한 바 있다. "남도의 찰진 언어로 '반미학反美學의 미학화美學化' 같은 골계미도 추구하면서 파란破卵·역사易思·창출創出의 정형시를 모색하고자 한다. 알에서 깨어나 기존의 관념과 틀을 벗어버리고破卵, 사물을 거꾸로 보고 뒤집어서 생각해 보는 발상의 전환으로易地思之, 우리 시대에 걸맞은 새로운 가치 창출을 모색하고자 하는 것이다."

반미학적인 요소들을 결합시켜 독특한 미학적 성취를 이룩해온 윤금초 시인은 이번 시집에서도 토속적인 이미지와 한국적 미의식에 기초한 골계미를 두루 선보이고 있다. 그 사례로 제시한 위의 두 작품 「논다니 되는규」와 「흑싸리 껍데기」는 입담 좋은 만담꾼 시인의 면모를 유감없이 보여주는 가편들이다. "우물쭈물하다

내 이럴 줄 알았지"라는 아일랜드의 극작가 버나드 쇼의 묘비명을 떠올리게 만드는 「논다니 되는규」나 겉모습만 보고 사람 판단하지 말라는 「흑싸리 껍데기」 모두 전라도 토박이말이나 남도 사투리 같은 '탯말'을 활용하여 언어적 미감을 극대화한다. 펄펄 살아 뛰는 구어체의 '입말'은 그 자체의 생동감으로 작품에 활력을 불어넣고 있으며, 기층 민중의 삶과 의식을 생생하게 전달함으로써 현장성을 배가시킨다. 이러한 유희적 '말놀이' 시편들은 대개 열거와 과장, 반복의 수사법을 통해 '아무 말 대잔치'의 통속성과 키치성을 벗어나 고담준론高談峻論의 경지에 이르게 하는 것도 윤금초 골계미학의 한 특성이라 하겠다.

자울자울 타는 늦볕 젖은 땅 샅낱 씻는다.

입에 절로 봄이 익는 쌉싸래한 그 머윗잎쌈

옴나위 꼼짝도 못하네, 볼때기 죄 미어지네.
　　　　　　　　　　　　　　　　－「봄볕 갸울다」 전문

윤금초 시조미학을 이루는 기본 토대는 언어에 대한 미학적 인식이다. 시인에게 언어는 단순히 유희나 전달의 양식이 아니라 미학 구현의 상징적 지평이라는 의미를 지니고 있으며, 이러한 언어 의식이 독자적인 시조 세계를 구축하는 토대가 된 것이다. 언어에 대한 윤금초 시인만의 집요한 탐구는 모국어의 위의威儀를 되살려야 하는 작가의 책임을 보여주는 모범답안이라 할 만하다. 시는 모국어를 통해 구현되는 언어예술의 정수인 까닭에, 시인에게 모국어는 밥이고 사랑이고 꿈이고 자기 자신이라는 사실을 누구보다 잘 알고 있음이다.

 이번 시집에서 느껴지는 또 하나의 특징은, 「봄볕 갸울다」에서 발견할 수 있는 것처럼 다양한 시어의 활용이 돋보인다는 점이다. 어휘뿐 아니라 거리가 먼 단어를 조합하고 기존의 단어에 새로운 이미지를 덧붙이는 데 각별한 노력을 기울인다. 제목의 "갸울다(비스듬하게 한쪽이 조금 낮아지거나 비뚤어지다)"를 비롯하여 "자울자울(잠이 들 듯 말 듯하여 몸을 앞으로 숙였다 들었다 하는 모양)", "늦볕", "쌉싸래한(조금 쓴 맛이 있는)", "옴나위(꼼짝할 만큼의 작은 움직임)", "볼떼기", "죄(남김

없이 모조리)" 등 순우리말과 탯말을 적재적소에 활용하고 있다. 이러한 토속적인 시어들이 정서의 감각화를 통한 정서의 물화를 체현함으로써 봄날 오후의 정취를 더욱 북돋우고 있는 것이다. 말은 시대의 유행에 맹종하거나, 정치적·경제적 논리에 따라 변질해도 좋을 소모품이 아니라는 사실을 실증적으로 보여주는 좋은 사례라 하겠다.

전통과 관습을 넘어, 시대의 모순을 깨고, 새 시대를 준비하는 것을 진보라고 할 때, 세상이 만들어 놓은 기준에 자신을 맞추기보다 새로운 기준을 만들기 위해 도전하는 것이야말로 진보의 핵심가치일 것이다. 나뭇잎 하나에도 생각이 일어나고 풀벌레 소리에도 마음이 이끌리는 내밀한 시심을 '통변'의 시학으로 오롯이 써 내려가는 윤금초 시인이야말로 진정한 진보의 아이콘이 아니겠는가. 그런 이유로 "우린 참 늙는 게 아니라 싸목, 싸목 익어간다"(「해거름 콧바람」)고 해탈의 웃음을 짓는 노시인의 웅숭깊은 창작의 여정이 아직은 끝나지 않았음을 짐작할 수 있겠다.